André Poling & Sabine Weiß

Mit der TRAM durch LISSABON

trans
press

Einbandgestaltung: Luis dos Santos

Titelbild: André Poling

Bildnachweis: Die zur Illustration dieses Buches verwendeten Aufnahmen stammen – wenn nichts anderes vermerkt ist – von André Poling

Eine Haftung des Autors oder des Verlages und seiner Beauftragten für Personen-, Sach- und Vermögensschäden ist ausgeschlossen.

ISBN: 978-3-613-03468-6

Copyright © by transpress Verlag, Postfach 103743, 70032 Stuttgart
Ein Unternehmen der Paul Pietsch Verlage GmbH & Co. KG

1. Auflage 2014

Sie finden uns im Internet unter www.transpress.de

Lektor: Hartmut Lange
Innengestaltung: Luis dos Santos
Druck und Bindung: Rotolito Lombarda S.p.A.
Printed in Italy

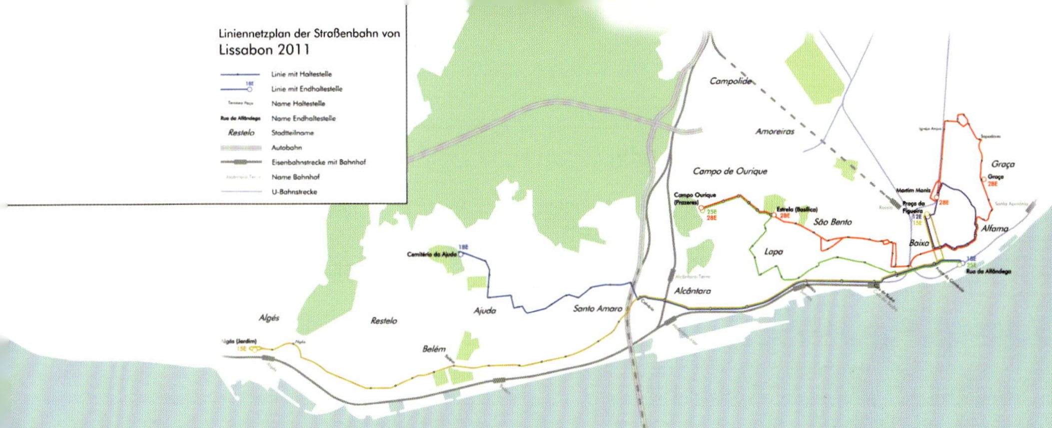
Liniennetzplan der Straßenbahn von Lissabon 2011
Linie mit Haltestelle
Linie mit Endhaltestelle
Name Haltestelle
Name Endhaltestelle
Restelo
Stadtteilname
Autobahn
Eisenbahnstrecke mit Bahnhof
Name Bahnhof
U-Bahnstrecke
Campolide
Amoreiras
Campo de Ourique
Graça
Campo Ourique (Prazeres)
25E
28E
Estrela (Basílica)
São Bento
Martim Moniz
Praça da Figueira
12E
15E
Alfama
Baixa
Lapa
18E
Rua da Alfândega
Cemitério da Ajuda
Alcântara
Santo Amaro
Ajuda
Algés
Restelo
Belém
Algés (Jardim)

GRAFIK: CC BY-SA 2.0

Wenn wir versuchen, über Lissabon zu sprechen, merken wir bald, dass aufgrund der verschiedenen Besonderheiten, die diese Stadt prägen, diese Erzählung nicht auf die einfache Beschreibung einer Stadt in Bezug auf ihr Erbe und ihre historischen Vergangenheit reduziert werden kann. Lissabon ist anders und jeder Versuch, diese alte Metropole zu beschreiben, zwingt uns gleichermaßen zu klaren und zu poetischen Überlegungen.

Diese Stadt liegt auf sieben Hügeln, errichtet an einem Fluss, dessen Wasser nach Atlantik schmeckt. Sie ist zugleich kleinbürgerlich und weltoffen, antik und modern, mit engen Gassen und breiten Alleen, in denen sich der Arme mit dem Reichen in der Menge vermischt, und hat eine Architektur, die nicht nur imperial, sondern auch einfach geprägt sein kann. In Lissabon spüren wir schnell die Verzweiflung und Müdigkeit seines Treibens, gleichzeitig wagen wir uns an die Freiheit und die Hoffnung seiner atemberaubenden Aussichten heran. Lissabon ist eine komplexe und kontrastreiche Stadt. Jeder Versuch, diese Stadt zu beschreiben, wird sich immer als unvollständig erweisen.

Die Idee des Verlags transpress mit diesem Buch Lissabon aus der Sicht des »eléctrico« zu zeigen, halte ich für zeitgemäß und sinnvoll. Es handelt sich nicht darum, dem Leser Lissabon in seiner Gesamtheit zu beschreiben, sondern die beiden Autoren möchten vielmehr eine interessante Perspektive auf die Stadt vermitteln. Die Straßen Lissabons mit der Trambahn zu befahren, ist immer eine einzigartige Erfahrung, selbst für diejenigen, die dieses Transportmittel oft benutzen, denn mit jeder Fahrt gibt es immer etwas Neues zu entdecken. Auch wenn die Straßenbahnen in Lissabon ausgesprochene

Reliquien der Vergangenheit sind, haben ihre Grazie und ihr Charme dazu beigetragen, dass ihr Dasein für die heutige Zeit unverzichtbar ist. Im Verlauf der verschiedenen Jahrzehnte ihrer Existenz hat sich die Straßenbahn zu einem Symbol Lissabons gewandelt und ist ein fester Bestandteil des Stadtbildes geworden.

So wünsche ich allen, die diese einzigartige Stadt erkunden wollen, eine angenehme Fahrt mit dem »eléctrico«.

JOSÉ CARLOS REIS ARSÉNIO
GENERALKONSUL VON PORTUGAL IN STUTTGART

carris

STEIGEN SIE EIN!
Die Fahrt beginnt

Die Praça do Comércio ist ein wichtiger Verkehrsknoten.

»NICHTS: NUR DAS GERÄUSCH DER ELEKTRISCHEN, WIE EIN STREICHHOLZ, DAS DIE DUNKELHEIT DER SEELE ERHELLT UND DIE LAUTEN SCHRITTE MEINER ERSTEN PASSANTEN.«
Fernando Pessoa

Die Straßenbahn gehört zu Lissabon wie die Fadomusik, der berühmte Dichter Fernando Pessoa (1888–1935) und die verführerischen Vanilletörtchen Pastéis de Nata. Die Eléctrico schaukelt und quietscht, sie legt sich auf die Seite und ächzt, und manchmal tänzelt sie auf ihren kleinen Rädern auch grazil um die Kurven. In ihrer Mischung aus poliertem Holz und gelb lackiertem Metall vermittelt sie ein heimelig-nostalgisches Gefühl, dass die Lisboetas, die Bewohner der portugiesischen Hauptstadt, täglich aufs Neue mit Leben füllen. Denn wenn auch eine Fahrt mit den Linien 12E oder 28E zu den touristischen Höhepunkten eines jeden Lissabon-Urlaubs gehört, so werden die Eléctricos de Lisboa doch ebenso von den Einheimischen genutzt. Nirgendwo sonst ist der Besucher näher am Alltagsleben der Einwohner, und mit keinem Verkehrsmittel kann er schöner das Stadtzentrum erkunden.

Die Geschichte der Lissabonner Straßenbahn beginnt im brasilianischen Rio de Janeiro, wo am 18. September 1872 das Un-

BILD LINKS: DAS TRADITIONSREICHE CAFÉ A BRASILEIRA IN DER RUA GARRETT.
BILD RECHTS OBEN: FERNANDO PESSOA WAR STAMMGAST IM BRASILEIRA.
BILD RECHTS UNTEN: IM MARTINHO DA ARCADA WIRD AN LITERARISCHE GÄSTE ERINNERT.

ternehmen »Companhia Carris de Ferro de Lisboa« gegründet wurde. Nach amerikanischem Vorbild sollte auch in der portugiesischen Hauptstadt ein öffentlicher Nahverkehr mit auf Schienen dahingleitenden Pferdedroschken geschaffen werden. Os Americanos nannte man entsprechend die ersten Zweispänner, die seit dem 17. November 1873 zwischen dem Norden und Osten (Santa Apolónia) und dem Anleger Boa Vista im äußersten Westen der Stadt (Santos) verkehrten und meist von Maultieren gezogen wurden. Das normalspurige Streckennetz wurde rasch ausgebaut, wobei die hügeligen Gebiete der Stadt, wie das Altstadtviertel Alfama, zunächst ausgespart wurden. Einige Jahre später wurde das Schienennetz an den Strom angeschlossen und die erste Elektrische fuhr am 31. August 1901 vom Cais do Sodré bis nach Algés. Nach und nach lösten die »Carros eléctricos de Lisboa« die Droschken vollständig ab. Durch die Motorisierung konnten auch die auf Hügeln gelegenen Stadtteile an das Verkehrsnetz angebunden werden, wo Steigungen von zwölf Prozent und mehr bewältigt werden müssen. Wegen der engen Gassen und der oft scharf abknickenden Straßen wurde die Spurweite auf schmale 900 Millimeter festgelegt. 1906 schlängelte sich die Elektrische erstmals durch die Hügel der Alfama. Bis 1957 wurde das Straßenbahnnetz ste-

BILD RECHTS: HISTORISCHE AUFNAHME DES CARRIS-DEPOTS SANTO AMARO.
BILD LINKS OBEN: MIT KURBEL UND HANDSPIEGEL WIRD DAS FAHRZIEL BESTIMMT.
BILD LINKS UNTEN: EINE TRAMFAHRT IN DEN 90ER-JAHREN.

tig erweitert. Seine größte Ausdehnung erreichte es mit einer Länge von 76 Kilometern und 27 Straßenbahnlinien.

Mit der Eröffnung der ersten Metro 1959 begann der Rückbau des Straßenbahnnetzes. In der Nelkenrevolution am 25. April 1974 ging das Unternehmen Carris in den Besitz der Stadt über, die zunächst vorhatte, die Straßenbahn ganz einzustellen. Eine Studie aus dem Jahr 1978 riet allerdings davon ab, was zu ersten Modernisierungsmaßnahmen führte, aber auch zu Rationalisierungen, so wurde beispielsweise auf den Schaffner verzichtet. Seit den 1990er-Jahren führten der dramatisch angewachsene Autoverkehr sowie der kritische Zustand einiger Gleisanlagen zu weiteren Stilllegungen. Ausgebaut wurde hingegen die Linie 12E, die in eine Rundlinie um den Burgberg verwandelt wurde.

Heute umfasst das Streckennetz fünf Routen, die auf 48 Kilometern durch die Stadt führen. Die Flotte besteht aus rund 60 Triebwagen. Die zweiachsigen Fahrzeuge mit Holzaufbau wurden fast alle modernisiert. Diese sogenannten Remodelados tragen die Nummern 541 bis 585. Sie stammen aus den Jahren 1935 bis 1940 und wurden 1995 und 1996 mit neuen Fahrgestellen und verbesserter technischer Ausstattung versehen. Die Leistung wurde von 33 auf 50 Kilowatt erhöht, die Höchstgeschwindigkeit

Bild links: Weihnachtsbeleuchtung am Elevador de Santa Justa.
Bild rechts oben: Die beliebteste der Standseilbahnen: Ascensor da Glória.
Bild rechts unten: Die roten Trams werden für Stadtrundfahrten genutzt.

auf 50 km/h gesteigert. Zu besonderen Anlässen schickt Carris auch die älteste noch fahrende Tram auf die Schiene: Nummer 283 aus dem Jahr 1902.

Da Carris den gesamten öffentlichen Nahverkehr in Lissabon verantwortet, bietet es sich für den Besucher an, Tages- oder Wochenkarten zu kaufen, mit denen nicht nur die Straßenbahn erheblich günstiger genutzt werden kann, sondern auch die drei Standseilbahnen, der Aufzug Elevador de Santa Justa, sowie Busse und Metros. Die rot-weißen Straßenbahnwagen in historischer Ausführung werden dagegen ausschließlich für Sightseeingtouren verwendet und haben einen eigenen Tarif; Start und Ziel ist die Praça do Comércio.

Einen anschaulichen Überblick über die Geschichte des öffentlichen Nahverkehrs in Lissabon gibt das Carris-Museum. Es befindet sich im Straßenbahndepot in der Rua 1° de Maio an der Haltestelle Santo Amaro, die u.a. von der Tramlinie 15E bedient wird. Hier, im Schatten der Brücke des 25. April, kommen Altes und Neues zusammen: Während sich die Straßenbahnfahrer in der Kantine treffen und in den Werkstätten alte und neue Trams repariert werden, können Besucher im Museu Carris auf über zweitausend Quadratmetern zahlreiche historische Pferdedroschken, Straßenbahnen und Omnibusse bewundern. Für den Transport steht eine restaurierte Straßenbahn aus früherer Zeit

BILD RECHTS: HEIMAT DER STRASSENBAHNEN: DAS CARRIS-DEPOT SANTO AMARO.
BILD LINKS: TRAMS SIND EINES DER WICHTIGSTEN VERKEHRSMITTEL LISSABONS.

ZEICHEN ZU GEBEN IST OFT HILFREICH AN DER HALTESTELLE.

EINE DEMONSTRATION BEHINDERT DEN TRAMVERKEHR.

bereit, um die Museumsbesucher stilecht von einer Ausstellungshalle zur anderen zu befördern.

Wie sehr die Lisboetas ihre Tram lieben, bewiesen die Protestaktionen, als die Linie 18E eingestellt werden sollte. Der Widerstand hatte Erfolg: Die Linie blieb erhalten, lediglich die stadtseitige Endhaltestelle wurde verlegt. Andererseits gibt es Bestrebungen, stillgelegte Straßenbahnrouten wieder zu beleben. Bei der Linie 24E wurden Gleise und Oberleitungen aufgearbeitet und 2005 sogar Probefahrten durchgeführt. Spätestens seit der Finanzkrise sind diese Pläne jedoch wieder in der Versenkung verschwunden. Und so träumt der Tramfreund davon, dass irgendwann wieder eine Elektrische vom Chiado den Hügel hinab zum Cais do Sodré ruckelt oder hinauf, rund um den Platz Largo Trinidade Coelho mit der Statue des Losverkäufers, bis zur malerischen Praça do Principe Real mit ihrer eindrucksvollen mexikanischen Zypresse, wie es früher der Fall war. Auf welcher Tramstrecke auch immer, der Fahrgast fühlt sich oft an die Beschreibung von Fernando Pessoa erinnert: »Ich fahre in der Straßenbahn und beobachte, wie es meine Art ist, geruhsam und in

SCHLICHT UND SCHÖN: DIE HALTEGRIFFE.

WOHLWOLLEND BLICKT DER FAHRGAST AUF DIE STRECKE.

allen Einzelheiten, die Personen, die ich vor Augen habe. (...) Mich schwindelt. Die Bänke der Elektrischen, aus einem kräftigen engmaschigen Strohgeflecht, befördern mich in ferne Regionen, vervielfältigen sich zu Industrien, Arbeitern, Arbeiterwohnungen, Lebensläufen, Wirklichkeiten, zu allem. Ich steige erschöpft und wie mechanisch aus. Ich habe soeben das ganze Leben gelebt.«

12E

- **Pç. Figueira**
- Martim Moniz
- Socorro
- Lg. Terreirinho
- R. Lagares
- S. Tomé
- Lg. Portas Sol
- Miradouro Sta. Luzia
- Limoeiro
- Sé
- R. Conceição / R. Fanqueiros
- **Pç. Figueira**

07 min

12 min

Dauer: 21 min

LISSABON KOMPAKT

Die kürzeste Tramstrecke: rund um den Burgberg mit der Linie 12E

VOR DER KATHEDRALE SÉ PATRIARCAL.

Die Gasse liegt noch im Dunkeln, nur das Zwitschern der Vögel durchbricht die Stille. Dann ein heiseres Quietschen. Die Begleitmusik der Elektrischen, wie sie sich rüttelnd um Ecken windet. Wir beschleunigen unsere Schritte. Die Vorfreude treibt uns voran. Die Geschäfte in der Unterstadt sind noch geschlossen. In den Cafés lehnen vereinzelt Gäste an den Tresen, mit einem Bica – einem kleinen Schwarzen – die Müdigkeit vertreibend. Ungewohnt leer ist die Praça da Figueira. Sie ist neben dem nahegelegenen Rossio und der Praça do Comércio einer der drei wichtigsten Plätze der Baixa. Hier, in der Senke zwischen den Stadthügeln, befand sich im Mittelalter das Hospital Todos os Santos. Als das verheerende Erdbeben 1755 auch das Hospital weitgehend zerstörte, musste es abgerissen werden und eine große, überdachte Markthalle wurde an seiner Stelle errichtet. Heute erinnern nur noch einige Obstgeschäfte an der Ostseite des Platzes an diese Zeit.

Die Praça da Figueira ist Schnittpunkt zwischen dem Geschäfts- und Bankenviertel Baixa, und dem Rossio, der wiederum zur Prachtallee Avenida da Liberdade und ins moderne Lissabon führt. Nur einen Steinwurf entfernt locken die traditionsreichen Cafés Pastelaria Suiça, Café Nicola und die Konditorei Confeitaria Nacional mit Kaffeespezialitäten und süßem Gebäck. Ein Fußweg führt von hier aus zum Ascensor do Lavra, der ältesten Stand-

BILD LINKS: KURZ VOR DER HALTESTELLE AUF DER PRAÇA DA FIGUEIRA.
BILD RECHTS: REGEN IN DER BAIXA: IN DER TRAM IST ES WARM UND TROCKEN.

seilbahn Lissabons (siehe Seite 118). Die ersten Strahlen der Sonne fallen in die schurgeraden Straßen der Baixa und lassen den Rio Tejo an ihrem Fluchtpunkt glitzern. Eine alte Dame hat sich für die Morgenmesse fein gemacht und strebt auf die Haltestelle zu. Über die Wartenden wacht die Statue von Dom João I., des Königs, der 1385 die Spanier besiegte. Das Läuten der Warnglocke kündigt an, dass die Tram eine Straße kreuzt. Klein und rundlich, freundlich und gelb mit weißem Dach kommt sie in Sicht. Die kreisförmige Lampe an der Nase leuchtet noch. Bei dem Fahrzeug handelt es sich um einen sogenannten Remodelado, einen modernisierten Altbautriebwagen. Auch, wenn die Zeiten vorbei sind, die Hans Magnus Enzensberger noch in »Ach Europa« beschreibt, die Sprossenfenster und aufrollbaren Vorhänge seines Berichts gibt es noch immer: »Über ein solides Trittbrett besteigen wir die Plattform, die durch ein Scherengitter gesichert ist, und öffnen die Schiebetür. Im Innern des Wagens erwartet uns ein unvergleichlicher Komfort: Sprossenfenster aus honigfarbenem Holz, die sich bei schönem Wetter öffnen lassen, Rouleaus aus braunem Wachstuch, die man, je nach Sonnenstand, höher oder tiefer ziehen kann, Armlehnen aus massiver Eiche und grünbezogene Sitze. Ein lederner Riemen, der durch Messingösen läuft, er-

BILD RECHTS: DIE TRAM DONNERT BERGAB DURCH DIE ALFAMA.
BILD LINKS OBEN: SONNENSCHEIN IN DER BAIXA.
BILD LINKS UNTEN: DIESE KURVE BRINGT MANCHMAL DEN STROMABNEHMER ZUM HERAUSSPRINGEN.

laubt es uns, dem Wagenlenker zu signalisieren, wann wir aussteigen wollen.«

Leise seufzen die Bremsen, als die Straßenbahn an der Haltestelle zum Stehen kommt. Es ist die Linie 12E. »P. Figueira – Castelo Circulação« steht auf dem Schild über dem Fahrer. Im Uhrzeigersinn fährt die 12E rund um den Burgberg. Es ist die kürzeste Tramstrecke, lediglich 21 Minuten benötigt sie für eine Runde. Doch obgleich die Strecke der 12E nur kurz ist, hat sie es in sich: am Burgberg hat die Tram Steigungen von bis zu zwölf Prozent zu bewältigen.

Die Falttür öffnet sich und wir folgen der alten Frau die Stufen hoch ins Innere. Ein »Bom Dia« mit dem Fahrer getauscht, nach dem Morgengruß die Fahrkarten vor das Lesegerät gehalten. Wir wählen einen der beliebten Stehplätze neben dem Fahrer, dem Bremsenhüter – »guarda-freios« –, wie er auf Portugiesisch genannt wird. Von hier aus hat man nicht nur den besten Blick auf das Verkehrsgeschehen, sondern kann auch den Fahrer sehr gut bei der Bedienung seines Gefährts beobachten. Er sitzt auf seinem Drehstuhl, vor sich Kurbel und Knöpfe, zu seinen Füßen Pedale, mit denen er beispielsweise Sand

auf die Schienen rieseln lassen kann, damit die Räder beim Bremsen besser haften. Ein großer Beutel mit Kleingeld ist unverzichtbar, neigen doch gerade viele Touristen dazu, die Fahrkarten mit Scheinen zu bezahlen. Oft liegt auch ein kleines Radio vor der Frontscheibe, so dass die Fahrgäste je nach Temperament und Laune mal mit Klassik, mal mit portugiesischen Popsongs unterhalten werden.

Der Fahrer betätigt den silbrigen Hebel des Fahrschalters. Ruckelnd setzt sich die Tram in Bewegung. Nur wenige Menschen sind unterwegs. Um diese Zeit gehört die Eléctrico den Einheimischen, nicht den Touristen. Arbeiter, Rentner, Kinder auf dem Weg zur Schule. Wir freuen uns auf eine Reise in die Vergangenheit, denn rund um die Burg befinden sich die ältesten Bauwerke der Stadt. Der Legende nach soll der Sagenheld Odysseus Lissabon gegründet haben, Forscher gehen allerdings davon aus, dass die Phönizier die Ersten waren, die die geschützte Bucht in Atlantiknähe als Handelsplatz nutzten. Die Griechen nannten den Ort Olissipo. Im Jahr 205 vor Christus kamen die Römer, danach germanische Stämme, die muslimischen Mauren und schließlich die Christen.

Zunächst geht es durch das Maurenviertel Mouraria am Nordhang der Festung. Sein Name geht auf die Zeit zurück, als die Christen Lissabon eroberten und die Juden und Moslems vor die Stadttore verbannten. Seitdem ist es ein Viertel, in dem die Ärmsten der Stadt ein Zuhause finden, in dem aber auch Einwanderer aus Afrika, China oder Indien ihr Geschäft oder ihre Wohnung haben. Zugleich gilt Mouraria als die Geburtsstätte des Fado. Dieser Musikstil, der wörtlich übersetzt »Schicksal« heißt, bringt die Saudade der Portugiesen zum Ausdruck, eine spezifische Form des Fernwehs oder Weltschmerzes. Auch heute noch erklingen der getragene Gesang und die begleitende Gitarrenmusik aus Lokalen in Mouraria. Die 1973 geborene Mariza, die berühmteste Fadosängerin unserer Zeit, wuchs in der Travessa dos Lagares in Mouraria auf und beschreibt diese Prägung in ihrem Lied »Meu Fado, Meu«: »Ich trage einen Fado in meinem Gesang / ich singe in der Nacht bis der Tag erwacht / aus meinem Volke stammt das Klagen / in meinem Gesang hört man die Mouraria.«

Vereinzelt stehen an den Haltestellen Menschen und winken, um den Fahrer zum Anhalten zu bewegen. Am Largo Martim Moniz kreuzen wir die Strecke der Tramlinie 28E. Bergan geht es durch das Viertel Socorro mit seinen kleinen Geschäften und Restau-

BILD LINKS: STEIGUNGEN UND SCHARFE KURVEN PRÄGEN DIE LINIE 12E. HIER AN DER CALÇADA DE SANTO ANDRÉ.
BILD RECHTS OBEN: GUT GELAUNTE TRITTBRETTFAHRER ...
BILD RECHTS UNTEN: ... SKEPTISCH BEOBACHTET.

rants. Die Tram ächzt die Calçada de Santo André hoch. Auf der Kuppe biegt sie hart an einer Hauswand ein und hebt dabei die Nase gefährlich hoch in die Luft. Wenig später mündet sie unter schrillem Warnklingeln in die Gleise der 28E. Bis in die Baixa werden die beiden Linien die Strecke abwechselnd benutzen. Wir betätigen den Halteknopf und der Schriftzug »Parar« leuchtet über dem Fahrersitz auf. Durch die hintere Tür steigen wir, wie es üblich ist, aus.

Ungewohnt leer ist noch der Largo Portas do Sol mit dem Denkmal des Schutzpatrons der Stadt, des heiligen Vinzenz. Wo sonst Touristen ein Getränk aus dem Kiosk genießen, Straßenmusiker ihre Melodien erklingen lassen und Rikschas auf Kundschaft warten, ist es still. Auf dem Rio Tejo spiegeln sich die Sonnenstrahlen, kriechen über die Häuserstufen der Altstadt und die weißen Flanken der Klosterkirche São Vicente de Fora. »Wer Lissabon noch nicht gesehen hat, hat noch nichts Schönes gesehen«, heißt es zu Recht bei dem Dichter António Nobre (1867–1900). Das »Museu das Artes Decorativas« öffnet bald seine Pforten, wir aber schauen uns lieber die dekorativen Künste am nahegelegenen Miradouro Santa Luzia an, dem Aussichtspunkt an der gleichnamigen Kirche. Kunstvolle Azulejos schmücken die Außenwand der Kirche, das Kachelbild zeigt eine Stadtansicht vor dem Erdbeben von 1755. Bänke unter einer Per-

BILDER: LICHTSTIMMUNGEN AUF DEM LARGO PORTAS DO SOL MIT DEM MUSEUM FÜR DEKORATIVE KÜNSTE.

Ein Plausch mit der Bremsenhüterin.   Dekorativ hängen die Oberleitungen vor der Sé.

gola laden zu einer kurzen Rast ein und oft üben hier Schüler aus der hügelwärts gelegenen Zirkusschule »Chapito« das Jonglieren.

Auf der anderen Straßenseite geht es steil empor zum Castelo de São Jorge. Die Festungsanlage mit Burgruine gehört zu den wichtigsten Sehenswürdigkeiten der Stadt. Schon die Römer hatten hier 137 vor Christus eine Siedlung. Die Westgoten bauten im fünften Jahrhundert weitere Befestigungsanlagen und die Mauren errichteten schließlich die Burg. 1147 wurde sie von Dom Afonso Henriques (1109–1185) erobert und danach Jahrhunderte lang als Königsburg

genutzt. Das weitläufige Gelände bietet sich zum Erkunden an. Es bietet einen wunderbaren Rundblick über die Stadt, die imposante Brücke des 25. April und den Fluss, sehenswert sind aber auch die Ausstellungen zur Lissabonner Geschichte.

Nach dem Besuch gehen wir zurück zu Straßenbahnstrecke. Als quietschend eine Tram hält, steigen wir zu. Sie donnert bergab und der Fahrer muss kräftig an der Handbremse kurbeln, damit die Tram nicht zu schnell wird. Vorbei geht es an dem Aufgang zu den römischen Ruinen des Teatro Romano. Gegenüber der Flanke der Sé Kathedrale

war bis zum Ende der Diktatur 1974 das Aljube-Gefängnis für politische Gefangene. Johannes Mario Simmel (1924–2009) beschreibt es in »Es muss nicht immer Kaviar sein«: »Hier deponierte jetzt die Polizei ihre Gefangenen, darunter viele unerwünschte Ausländer. Aber es gab auch mindestens ebensoviel Herren, die schlicht gegen völlig unpolitische Paragraphen des portugiesischen Strafgesetzbuches verstoßen hatten. Sie saßen zum Teil in Untersuchungshaft, zum Teil, bereits verurteilt, in Sammelzellen, Einzelzellen und sogenannten ‚Zellen für begüterte Häftlinge'.« Auf dem Platz vor der Kathedrale geht es wieder hinaus, er ist eines der schönsten Fotomotive der Stadt. Wie klein sich der Wagen vor dem im zwölften Jahrhundert erbauten Gebäude ausnimmt, wie strahlend das Tramgelb gegen die graue Portalfront wirkt! Einem Spinnennetz gleich hängen die Oberleitungen für die Straßenbahn davor. Die älteste Kirche der Stadt beeindruckt im Inneren durch die prächtige Fensterrosette, bedeutende Grabmäler und die Schatzkammer.

Zu Fuß folgen wir der Straßenbahnstrecke bergab, vorbei an Gaststätten und Fado-Bars. Noch ist die Küche in den Restaurants kalt,

aber es duftet schon nach Röstkaffee aus der Pastelaria Flor da Sé, durch deren Scheiben man die Trams vorüberziehen sieht. Jetzt ein Galão, ein Milchcafé, der vielen Portugiesen das Frühstück ersetzt. Gestärkt überqueren wir die Straße zur Haltestelle. Eine Tram der Linie 12E nähert sich, direkt dahinter eine 28E. Wir aber wollen unseren Rundkurs um den Burgberg beenden. Der Verkehr hat zugenommen. Die Straßenbahn lässt sich nicht antreiben von drängelnden Taxis oder Lastwagen; eine Tramfahrt ist eben immer auch gemächlich. Alle Sitzplätze sind nun besetzt, aber es gibt ja die Haltegriffe aus Leder, an denen man sich im Stehen festhalten kann. Außerdem ist es nur eine Station bis in die Ebene des Stadtviertels Baixa, wohin wir einen Abstecher unternehmen.

Die Baixa wurde nach dem Erdbeben unter Aufsicht des damaligen Premierministers Sebastião José de Carvalho e Mello, Conde de Oeiras, seit 1769 Marquês de Pombal (1699–1782), vollkommen neu gestaltet und besticht durch ihre Gradlinigkeit. Die Straßen verlaufen von Norden nach Süden und von Osten nach Westen. Die acht Längsachsen wurden verschiedenen Handwerkszünften zugeordnet, so gibt es die Rua dos Sapateiros, die Straße der Schuster, oder die Rua dos Fanqueiros, die Straße der Tuchhändler. In diesem lebendigen Geschäftsviertel

Bild links: Weit muss die Tram über den Fussweg ausholen.
Bild rechts oben: Warteschlange auf der Praça da Figueira.
Bild rechts unten: Skateboarder lieben ebenfalls die Praça da Figueira.

finden sich Boutiquen, Restaurants, zahlreiche Büros und Straßenkünstler. »Hätte ich die Welt in der Hand, tauschte ich sie, dessen bin ich sicher, gegen eine Fahrkarte zur Rua dos Douradores ein«, schwärmt Fernando Pessoa, der einen Großteil seines Lebens in der Baixa arbeitete und dieses Viertel in seinen Gedichten und Notizen verewigte. Sein bevorzugtes Esslokal, das heutige Restaurant Pessoa in seiner Lieblingsstraße, erinnert an den Dichter. Der Schriftsteller Alfred Döblin (1878–1957), der vor den Nationalsozialisten floh und in der Pension Glória in der Rua dos Fanqueiros auf seine Weiterreise wartete, war weniger begeistert: »Lissabon ist, industriell gesprochen, ein moderner Großbetrieb zur Erzeugung von Lärm. Er besitzt zunächst die Elektrischen. Sie fahren in großer Dichte hintereinander, mit oder ohne Passagiere. Sie rumpeln in den Schienen, sie rasseln über das Geleise, sie vermögen die Scheiben zum Klirren zu bringen. Der Fahrer hat mindestens eine Klingel, wahrscheinlich stehen ihm zwei zur Verfügung. Es gelingt dem portugiesischen Fahrer, dass sie tönen, wenn er anschlägt, – und er schlägt ununterbrochen an, es ist reine Freude – wie drei. Es ist ein Klingelfahrer. Sein Wagen hat vorn eine mächtige, schaufelförmige Schutzvorrichtung, Wenn der Wagen damit um die Ecken biegt, hat man den Eindruck:

BILD RECHTS: BLICK AUS DER PASTELARIA FLOR DA SÉ.
BILD LINKS OBEN: HALTESTELLE AUF DEM LARGO MARTIM MONIZ.
BILD LINKS UNTEN: WEITBLICK MIT TRAM UND TEJO.

er will Passanten mähen. Die Wagen in Lissabon fahren gern um Ecken, ja vorzugsweise um Ecken, und Lissabon ist darum mit vielen Ecken ausgestattet, weil das Fahren um Ecken eine unglaubliche Vielheit von Geräuschen ermöglicht.« Auch für weitere Flüchtlinge vor dem Nationalsozialismus war Lissabon eine wichtige Station, wie Alma Mahler-Werfel, Heinrich Mann oder Erika Mann.

Kommerzielle Hauptschlagader der Baixa ist, von dem nur einige Minuten entfernten Kaufhaus Armazéns do Chiado abgesehen, die belebte Rua Augusta, wohin wir nun gehen. Hier befindet sich auch das Museum für Design und Mode. Innere Einkehr hält man in der Baixa in der Kirche Ingreja de São Nicolau mit ihrer Kachelverkleidung von 1850 oder in der kleinen Kapelle Nossa Senhora de Vitória. Einkehren kann man aber auch beispielsweise in der Milchbar A Camponesa mit ihren wunderschönen Kuh- und Milch-Azulejos von Jorge Pinto. Einen typischen Ginjia, einen Schattenmorellenlikör, bekommt man rechts hinter dem Bogen in der Stehbar »A Tendinha«. Unbedingt sehenswert ist der Elevador de Santa Justa (siehe Seite 136), der die Baixa mit dem hügelan gelegenen Viertel Chiado verbindet. Die Stahlkonstruktion mit filigranen Eisenornamenten und zwei noblen Holzkabinen wurde 1902 nach Plänen des Ingenieurs Raoul Mesnier du Ponsard, einem Schüler Gustave Eiffels, gebaut. Tief

BILD LINKS: DIE 12E IM VIERTEL SÃO TOMÉ VOR DEM BURGBERG.
BILD RECHTS: DURCH ENGE GASSEN BLITZT DIE TRAM.

AUS DER RUA SÃO TOMÉ GEHT ES ZUM LARGO
PORTAS DO SOL.

EIN KASTANIENVERKÄUFER AUF DER PRAÇA DA FIGUEIRA.

geht es von der Aussichtsplattform hinab und die Burgmauern auf der anderen Talseite wirken von hier gleich doppelt so imposant.

Einige Schritte weiter kann man in der faszinierenden Ruine der erdbebenzerstörten Igreja do Carmo ein archäologisches Museum besichtigen. Doch auch der Blick nach unten lohnt sich: Steinsetzer haben in der Baixa ihrer Mosaikkunst gefrönt, Schiffe, Anker, Schriftzüge und Ranken zieren das Pflaster. »Ich würde sie Illustratoren oder Juweliere der Bürgersteige nennen«, ehrt José Cardoso Pires (1925–1998) in seinem »Lissabonner Logbuch« die Steinsetzer. Wir

kehren zurück zur Tramstrecke und warten. Kaum sind wir wieder in der Straßenbahn, neigt sie sich schon zum Abbiegen nach rechts. Da bremst der Fahrer plötzlich und steigt aus. Verwunderte Blicke folgen ihm, schließlich des Rätsels Lösung: der Stromabnehmer ist aus der Leitung gesprungen! Der Fahrer löst ein Seil am hinteren Ende der Tram, zieht am Stromabnehmer und legt ihn wieder ein. Dann geht es um die Kurve. So eng ist die Straße, dass die Schienen weit auf den gegenüberliegenden Fußweg hineinreichen, aber die Passanten sind gewöhnt, dass plötzlich eine Tram ihren Weg kreuzt und weichen aus.

Der letzte Streckenabschnitt führt uns wieder zur Praça da Figueira. Endstation. Alle Fahrgäste steigen aus, auch diejenigen, die noch eine Runde drehen wollen. Die nächsten warten bereits, geduldig eingereiht, denn Lisboetas achten sorgfältig auf die richtige Reihenfolge; sich in die Warteschlange einzureihen ist also ein Gebot der Höflichkeit. Der Fahrer plaudert einige Minuten mit dem Maroniverkäufer, der neben der Haltestelle seinen Wagen aufgestellt hat, dann startet die 12E erneut zur Rundreise durch Lissabons Vergangenheit.

GUTE ÜBERSICHT IST BEIM ÜBERQUEREN DER STRASSE NÖTIG.

Bei Regen braucht man einen Schirm –

ODER EINE TRAM.

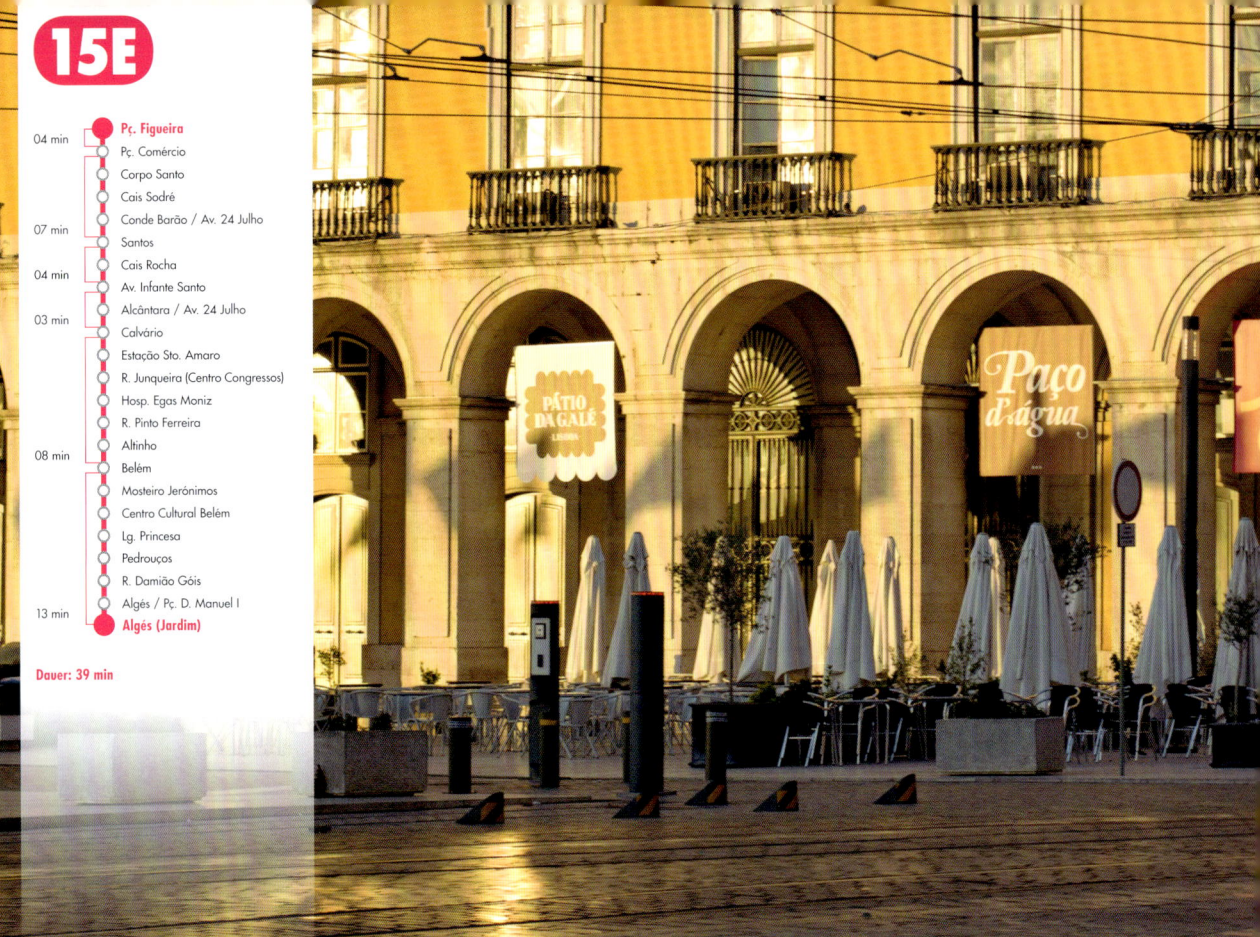

15E

04 min	**Pç. Figueira**
	Pç. Comércio
	Corpo Santo
	Cais Sodré
	Conde Barão / Av. 24 Julho
07 min	Santos
04 min	Cais Rocha
	Av. Infante Santo
03 min	Alcântara / Av. 24 Julho
	Calvário
	Estação Sto. Amaro
	R. Junqueira (Centro Congressos)
	Hosp. Egas Moniz
	R. Pinto Ferreira
	Altinho
08 min	Belém
	Mosteiro Jerónimos
	Centro Cultural Belém
	Lg. Princesa
	Pedrouços
	R. Damião Góis
	Algés / Pç. D. Manuel I
13 min	**Algés (Jardim)**

Dauer: 39 min

DIE MUSEUMSTOUR

Entdeckungsreise nach Bélem mit der Linie 15E

Tram im Morgenlicht auf der Praça do Comércio.

Eines Vorweg: Wer sich mit einer alten Straßenbahn nach Bélem aufmachen will, braucht Geduld. Die Linie 15 mit Zielort Algés wird stark frequentiert, was dazu führt, dass häufig moderne Gelenkstraßenbahnen statt der historischen Trams eingesetzt werden. Aber das Warten am Startpunkt Praça da Figueira (siehe Linie 12E) oder der nächsten Haltestelle Praça do Comércio fällt leicht. Vor dem Erdbeben befand sich auf der Praça do Comércio das Schloss der portugiesischen Könige, deshalb nennen viele Einheimische ihn Terreiro do Paço (Schlossplatz). Die weite Fläche zwischen Fluss und Baixa gilt heute mit ihren Arkadengängen als einer der elegantesten Plätze Lissabons. Vor dem Triumphbogen, dem Arco Monumental, ziehen die Straßenbahnen der Linien 15E und 25E vorbei – ein beliebtes Postkartenmotiv. Auch fahren hier die roten Straßenbahnen mit ihren Plüschsitzen ab, die für Stadtrundfahrten genutzt werden. Für den Kartenverkauf wurde eine der ganz frühen Trams, der Americanos, abgestellt.

Am Praça do Comércio zwischen Fluss und Baixa befindet sich auch das Lisbon Story Centre, in dem die Stadtgeschichte anschaulich dargestellt wird. Stilecht Kaffeetrinken kann man im berühmte Café Martinho da Arcada, in dem Dichter wie Fernando Pessoa oder der Nobelpreisträger José Saramago ein- und ausgin-

BILD LINKS: TRAM VOR DEM ARCO MONUMENTAL.
BILD RECHTS OBEN: DIE STILLE VOR DEM MORGENLICHEN BERUFSVERKEHR.
BILD RECHTS UNTEN: TRAM IM MORGENLICHT AUF DER PRAÇA DO COMÉRCIO.

gen und in dem ihnen heute noch Nischen gewidmet sind.

Wir steigen in die nächste 15E und nehmen auf den lederbezogenen Sitzen Platz. Die Sonne scheint, also öffnen wir das Fenster und genießen den warmen Fahrtwind. Nächste Station der Straßenbahn ist Corpo Santo, wo man die gleichnamige Kirche im pombalinischen Stil besichtigen kann. Wir schaukeln an der berühmten British Bar mit ihrer rückwärts gehenden Uhr vorbei, die in zahlreichen Romanen verewigt wurde und zum Bahnhof am Cais do Sodré, von dem auch Metros und Schiffe abgehen. Auf der gegenüberliegenden Straßenseite sieht man bereits die große Kuppel des Mercado da Ribeira, des Ufermarktes. In den Markthallen finden neben Gemüse-, Blumen- und Antikmärkten auch verschiedene Musikveranstaltungen statt. In der hiesigen Stadtgemeinde São Paulo lebten vor allem Fischer, heute sind es hauptsächlich Handwerker. Es gibt jedoch auch einen rege frequentierten Bar-Bezirk.

Die Straßenbahn rattert weiter über Conde Barão und den Largo Vitorino Damásio zur Haltestelle Santos. An der Rua Santos-o-Velho ragt die doppeltürmige Kirche auf. Wir verlassen die Tram und gehen zu Fuß am Hotel York House in der Rua das Janelas Verdes vorbei, das bereits von Schriftstellern wie John Le Carré und Graham Greene (1904–1991) geschätzt wurde. Schließlich

BILD RECHTS: RUA DA PRATA MIT DER KIRCHE SÃO NICOLAU.
BILD LINKS OBEN: SCHLANGE STEHEN VOR DER TRAM.
BILD LINKS UNTEN: SO LEER SIND DIE STRASSENBAHNEN SELTEN.

48

erreichen wir das Museu Nacional de Arte Antigua. In dieser bedeutenden Kunstsammlung sind die Gemälde alter Meister wie u.a. Hieronymus Boschs Altarbild »Die Versuchung des heiligen Antonius« zu sehen.

An der Haltestelle Cais Rocha besteigen wir wieder eine 15E. Es geht am Hafen entlang, wo sich rund um das Viertel Alcântara ein Szenebezirk mit vielen Bars und Diskotheken angesiedelt hat. Aber auch das Orientmuseum für portugiesisch-asiatische Kunst lohnt einen Besuch.

Als die Brücke des 25. April immer näher kommt, drücken wir den Halteknopf. Für das Carris-Museum müssen wir an der Station Santo Amaro die Tram verlassen. Nur ein kleiner Fußweg ist es bis zum Straßenbahndepot, wo sich das Museu Carris befindet. Das Depot in Santo Amaro besteht seit der Betriebsöffnung im Jahr 1873 und ist das letzte verbliebene der insgesamt drei Lissabonner Carris-Depots. Am Pförtner vorbei geht es in mehrere Räume des Hauptgebäudes, die der Geschichte des Verkehrsunternehmens gewidmet sind. Am Ende der Ausstellung befindet sich eine Tür, die uns direkt zu einer aufwändig restaurierten Straßenbahn aus dem Jahr 1901 führt. In dem plüschigen Gefährt mit seinen Samtvorhängen und gläsernen Lampenschirmen fühlen wir uns einen Moment wie in eine andere Zeit versetzt. Leider haben wir bereits nach wenigen Minuten Fahrt die zwei geräumigen

BILD LINKS: AUCH DIE TRAMS MÜSSEN AN DEN AMPELN HALTEN.
BILD RECHTS: EINER DER SCHÖNSTEN PLÄTZE IST NEBEN DEM FAHRER.

Ausstellungshallen erreicht. Hier sind Pferdedroschken, verschiedene historische Straßenbahnen und Busse, aber auch z.B. die Druckmaschinen für die Fahrkarten und Routenpläne zu sehen.

Als wir den Museumsbesuch beendet haben, geht unsere Tramfahrt mit der 15E weiter. Die Strecke verläuft gradlinig und eben, immer in Sichtweite des Flusses. Wir passieren das Kongresszentrum und ein Krankenhaus. Schließlich kommt das ebenso verspielte wie imposante Jerónimos-Kloster in Belém in Sicht. Die Straßenbahn fährt noch eine Viertelstunde weiter bis zu dem gepflegten Vorort Algés, doch die wichtigen Sehenswürdigkeiten sind in Belém und so verlassen wir den Wagen. Da in diesem Stadtteil an der Mündung des Tejo die Karavellen zu ihren Entdeckungsreisen ablegten, ist der Ort vor allem durch Portugals Goldenes Zeitalter geprägt. Wichtigstes Monument dieses Zeitalters ist die Mosteiro dos Jerónimos. Das ehemalige Kloster der Hieronymiten wurde im manuelitischen Stil errichtet und steht als Weltkulturerbe unter dem Schutz der UNESCO. Die Elemente der Manuelinik stammen vorwiegend aus der Seefahrt, deshalb finden sich zur Dekoration überall im Kloster in Stein gehauene Schiffsseile, Korallen und Muscheln. Im Jerónimos-Kloster gibt es u.a. ein Grabmal für Vasco da Gama (1460–1524)

BILD RECHTS: ABENDLICHE BELEUCHTUNG IN DER RUA AUGUSTA.
BILD LINKS OBEN: DAS STRAHLEN DER TRAM IM ZWIELICHT DER MORGENDÄMMERUNG.
BILD LINKS UNTEN: DIE TRAM UNTER DEN OBERLEITUNGEN AUF DEM SCHLOSSPLATZ.

DURCH DIE BAIXA ZUM SCHLOSSPLATZ.

BLUMENSTAND MIT TRAM.

sowie das nationale archäologische Museum. Weiteres Monument aus der Entdeckerzeit ist die alte Hafenfestung Torre de Belém. Sehenswert sind in Belém ebenfalls das Kutschenmuseum, ein modernes Kulturzentrum mit einer beeindruckenden Sammlung moderner Kunst und das Padrão dos Descobrimentos, ein imposantes Denkmal in Form einer alten Karavelle, das an die großen portugiesischen Entdecker erinnern soll. Aber auch sonst lädt der weitläufige Stadtteil mit seinen Uferpromenaden zu ausgiebigen Spaziergängen ein.

Völlig erledigt von so viel Kultur eilen wir der Konditorei Pastéis de Belém in der Nähe des Jerónimos-Klosters entgegen. Schon von weitem kann man den Duft der frischgebackenen Vanilletörtchen erahnen, für die diese 1837 gegründete Konditorei berühmt ist. Bis auf die Straße stehen die Menschen, um einige Törtchen zum Mitnehmen zu kaufen. Wir ergattern einen Tisch in den mit Azulejos geschmückten Räumen. Ofenwarm kommen die Pastéis de Nata auf den Tisch, je nach Geschmack werden sie mit Puderzucker und Zimt bestäubt. Glücklich genießen wir das Gebäck und die trubelige Atmosphäre.

WARTENDE AN DER HALTESTELLE.

DIE BURG BESCHIRMT UNTERSTADT UND TRAM.

IMPRESSION VON DER PRAÇA DO COMÉRCIO.

Wie gut, dass es jetzt nur noch ein kurzer Weg zur Tramhaltestelle ist und uns die 15E gemütlich in die Altstadt zurückruckeln wird ...

Selbst im Gegenlicht strahlt das Tramgelb noch.

WIE EIN VERWIRRENDES FADENSPIEL – AUF DER PRAÇA DO COMÉRCIO.

Blaue Stunde auf der Praça do Comércio.

P. FIGUEIRA 15

LANGZEITBELICHTUNG IN DER BAIXA.

18E

- ● **Cais Sodré**
- ○ Conde Barão / Av. 24 Julho
- ○ Santos
- ○ Cais Rocha
- ○ Av. Infante Santo
- ○ Alcântara / Av. 24 Julho
- ○ Calvário
- ○ Cç. Tapada
- ○ Pavilhão Ajuda
- ○ R. João Barros
- ○ Alto Sto. Amaro
- ○ R. Aliança Operária
- ○ Rio Seco
- ○ Cç. Boa Hora
- ○ Boa Hora
- ○ R. D. Vasco
- ○ R. Bica Marquês
- ○ Cç. Ajuda (GNR)
- ○ Cç. Ajuda (Palácio)
- ○ R. Açucenas
- ● **Cemitério Ajuda**

Dauer: 28 min

DIE UNSCHEINBARE

Durch ein dörfliches Viertel zum Palast der letzten portugiesischen Könige mit der Linie 18E

Vom Largo Calvário blickt man gen Brücke 25. April und Museu Carris.

Wer eine Tramfahrt pur erleben, den Palast der letzten portugiesischen Könige besichtigen oder den ältesten botanischen Garten Portugals besuchen will, ist mit der Linie 18E bestens bedient. In diese Tramlinie verirren sich nur wenige Touristen, aber umso wichtiger ist sie den Lisboetas. Als Ende 2011 die Linie 18E eingestellt werden sollte, erhob sich ein massiver Protest, bedient sie doch die beliebten Wohnviertel im oberen Westen der Stadt. Der Widerstand hatte Erfolg, allerdings wurde die stadtseitige Anfangs- und Endhaltestelle von der Rua da Alfândega zum Cais do Sodré verlegt. Zwischen dem Art-Deco-Bahnhof Cais do Sodré und Santo Amaro nutzen 15E und 18E die gleiche Strecke (diese Stationen sind bereits in dem vorhergehenden Kapitel beschrieben). Erst nach der Brücke des 25. April biegt die 18E in Richtung Ajuda ab. Wieder einmal geht es bergan, denn der Stadtteil Ajuda liegt nördlich von Belém auf einer Hochebene. Schon bald verändert sich das Stadtbild. Viele Häuser sind einstöckig, eher schlicht und trotzdem oft mit gemusterten Kacheln geschmückt. Die Viertel Boa-Hora und Ajuda wirken beinahe dörflich. Es wundert einen nicht, dass sich hier die einzigen noch erhaltenen Windmühlen Lissabons befinden. Schön ländlich ist auch der große Markt, der dienstags bis samstags in der Travessa da Boa-Hora abgehalten wird.

In der Calçada da Ajuda verlassen wir die Tram. Nur wenige Schrit-

Bild links: Durch das Hafenviertel Alcântara.
Bild rechts: Endstation Ajuda.

ALTE LAGERHALLEN ZEUGEN VON DER GESCHICHTE DES HAFENS.   RICHTUNGSWECHSEL.   GLEISBAUARBEITEN AN DER STRECKE.

te sind es zum weithin sichtbaren Palácio Nacional da Ajuda, dem Palast der letzten portugiesischen Könige. Er wurde als Nachfolgeresidenz für das beim Erdbeben zerstörte Königsschloss am Terreiro do Paço erbaut. Die klassizistische Vorderfassade täuscht darüber hinweg, dass das groß angelegte Projekt bis heute u.a. durch die napoleonische Invasion unvollendet geblieben ist. In dem Palast sind eine Fülle von Kunstwerken und Möbelstücken zu sehen. Marmorstatuen sind zu bewundern, Kristalllüster, wertvolle Gobelins und das ganz in Blau gehaltene Gemach der Königin. Es gibt Ballsäle, einen Kronsaal und ein neogotisches Malatelier von König Luís I (1838–1889). Heute wird der Palast übrigens auch für Staatsempfänge genutzt.

Einen angenehmen Kontrast bildet der Besuch des unterhalb der Palastanlage gelegenen Botanischen Gartens von Ajuda. Er wurde 1768 im Auftrag vom Marquês de Pombal im italienischen Stil angelegt und gilt als ältester botanischer Garten Portugals. Etwa 5000 Pflanzenarten aus Afrika, Asien und Amerika wachsen hier. Kinder toben durch akkurat gestutzte Buchsbaumhecken, im Schatten tropischer Bäume sitzen alte Männer beim Kartenspiel. Auch ein vierhundert

Jahre alter Drachenbaum ist hier zu sehen. Die Blicke zieht ebenfalls der Brunnen Fonte das 40 Bicas auf sich, dessen 40 Wasseröffnungen Tieren wie Seepferdchen, Schlangen und mythischen Kreaturen nachempfunden sind.

Wir laufen noch etwas weiter bis zum höhergelegenen Friedhof von Ajuda, der für die Bediensteten des Königspalastes angelegt wurde, und genießen das Panorama. Außerdem fährt die Tram am Cemitério de Ajuda wieder ab, so dass wir durch die Fenster der 18E die Sehenswürdigkeiten dieses Viertels noch einmal an uns vorbeiziehen

lassen können, während unser »Bremsenhüter« wegen des Gefälles eifrig an seiner Handbremse kurbelt.

STATION AM CEMITÉRIO DA AJUDA.

Nah rattern die Trams aneinander vorbei.

25E

02 min	● **R. Alfândega Barco**
	○ Pç. Comércio BarcoMetro
	○ Corpo Santo
	○ R. S. Paulo BarcoMetro Comboio
09 min	○ R. S. Paulo (Bica)
	○ Conde Barão
03 min	○ Lg. Vitorino Damásio
	○ Santos Comboio
	○ Santos-o-Velho
	○ R. S. João Mata
	○ R. Garcia Orta
	○ R. S. Domingos à Lapa
	○ R. Santana à Lapa
	○ R. Buenos Aires
09 min	○ Estrela (Basílica) Hospital
	○ Estrela / R. Domingos Sequeira
	○ R. Domingos Sequeira
	○ R. Saraiva Carvalho
05 min	○ Igreja Sto. Condestável
	● **Campo Ourique (Prazeres)**

Dauer: 28 min

DIE ARISTOKRATISCHE

Durch das Lissabon der Paläste mit der Linie 25E

STATION AN DER RUA DA ALFÂNDEGA.

Zwischen den Palmen schimmert der Tejo. Gegenüber türmen sich die Häuser der Alfama zu einem Gassengewirr, über das die Sé, die Kathedrale, wacht. Hier, an der Rua da Alfândega, zwischen Fluss und Altstadt, ist Lissabon am ursprünglichsten. Die Alfama ist der älteste Teil der Stadt, viele Häuser haben das verheerende Erdbeben von 1755 fast unbeschadet überstanden. An einem Wendehammer steht die Straßenbahn der Linie 25E. Die Fahrgäste warten im Schatten der Palmen oder der lila blühenden Jacarandas. Aus den zahllosen Pastelarias und Restaurants riecht es nach frischem Kaffee und gegrillten Sardinen. Um den Platz zieht sich eine typische Reihe bunt gekachelter Häuser, die Wäsche an den Balkonen flattert im Wind, aus der die Casa dos Bicos heraussticht. Dieser Renaissancepalast, das »Haus der Spitzen«, wurde 1523 durch Brás de Albuquerque, ein unehelicher Sohn des damaligen Vizekönigs von Indien, erbaut. Die Vorderseite des im italienischen Stil errichteten Adelspalastes ließ er mit Steinen verzieren, die an geschliffene Diamanten erinnern sollen. Während des Erdbebens wurden große Teile des Hauses zerstört, aber wieder aufgebaut. Heute befindet sich dort die Saramago-Stiftung. Der portugiesische Literatur-Nobelpreisträger José Saramago (1922–2010) hatte sich in vielen Romanen mit seiner Heimat auseinandergesetzt, in »Die Geschichte der Belagerung Lissabons« lässt er den

Bild links: 25er-Treffen auf der Praça do Comércio.
Bild rechts: Blick auf die Rua de São Paulo.

Leser mit seiner Hauptfigur, dem nachdenklichen Korrektor Raimundo Silva, durch die Alfama spazieren, die er durch den nahegelegenen Arco do Chafariz d'El-Rei neben dem ältesten Brunnen der Stadt betritt. Etwas weiter befindet sich auch das Fado-Museum am Largo do Chafariz de Dentro, in dem man ausführlich der Geschichte dieser Musikrichtung nachgehen kann. Besonders empfehlenswert sind die Führungen am Wochenende, die von einer Fadista und einem Gitarristen begleitet werden. Fado live kann man aber auch erleben, wenn man sich in die Gassen der Alfama begibt. Lokale wie Taverna d'El Rey, Páteo de Alfama oder der Clube de Fado bieten ausgezeichnetes Essen und Gesang.

Die Tram verlässt ihre Ruheposition. Sie fährt ächzend an und hält, die Glocke läutend, an der Haltestelle, um ihre Fahrt in Richtung Campo Ourique bzw. Prazeres aufzunehmen. Vorbei geht es an der Kirche Nossa Senhora da Conceição Velha mit ihrem manuelinischen Portal und den beiden Fenstern, die als einziges das Erdbeben von 1755 überstanden hatten.

Die nächste Station ist die Praça do Comércio in der Baixa (siehe Seite 33). Parallel zur Linie 15E geht es bis zum Cais do Sodré, doch dann biegt die 25E in das Handwerkerviertel São Paulo ab. Hinter einem Torbogen in der Rua de São Paulo befindet sich die Talstation des Ascensor da Bica, der kleinsten der drei Standseil-

BILD RECHTS: EIN BELIEBTES FOTOMOTIV: TRAM VOR DEM ARCO MONUMENTAL.
BILD LINKS: TORBOGEN AN DER RUA DE SÃO PAULO.

bahnen Lissabons (siehe Seite 118). Die Tram rattert weiter über Conde Barão und den Largo Vitorino Damásio zur Haltestelle Santos mit seinem kleinen Park, anschließend geht es durch Lapa. Das auf einem Hügelkamm gelegene Viertel mit seinen idyllischen Straßen gilt als eine der besten Adressen der Stadt. Neben dem Königspalast Palácio das Necessides im Westen und dem Parlament im Palácio de Sao Bento im Osten haben hier auch viele Botschaften und diplomatische Vertretungen ihren Sitz, es gibt auch hier eine herrliche Fernsicht.

Ein längerer Stopp empfiehlt sich an der Haltestelle Estrela. Manche Straßenbahnen der Linie 25E enden am Estrela-Wendehammer, manche fahren bis nach Prazeres weiter. Oft sieht man die Fahrer am verwitterten Kiosk neben der Kirche ihre Pause verbringen. Die Basílica da Estrela ist eines der imposantesten spätbarock-frühklassizistischen Bauwerke der Stadt. Die weiße Sternenbasilika wurde von den Architekten Mateus Vicente de Oliveira und Reinaldo Manuel auf Wunsch von Dona Maria I. errichtet. Im Inneren überwiegt blassrosa und taubenblauer Marmor, bemerkenswert sind auch die Krippe von Machado de Castro und der Hochaltar des italienischen Meisters Pompeu Batoni. Gegenüber der Kirche befindet sich der Estrela-Park, mit 57.000 qm

BILD LINKS: IM HANDWERKERVIERTEL SÃO PAULO.
BILD RECHTS OBEN: RUSH HOUR AN DER TRAM.
BILD RECHTS UNTEN: STRASSENBIEGUNG IM VIERTEL SÃO PAULO.

nach dem Parque Eduardo VII. der zweitgrößte Lissabons. Palmenalleen und Schwan- und Ententeiche sowie ein gusseiserner Musikpavillon laden zum Verweilen ein. Für Kinder gibt es im Jardim da Estrela einen großen Spielplatz, man kann den Rentnern beim gemütlichen Schachspielen zu sehen oder einen Blick auf die Auslage der Parkbücherei werfen, die in einem kleinen Kiosk untergebracht ist. Das Parkcafé bietet Getränke und Kleinigkeiten zum Essen. Empfehlenswert ist jedoch auch das an der Tramstrecke gelegene Lokal Doce Estrela.

Zu Fuß durch den Park erreicht man auch den Cemitério dos Ingleses, auf dem englischen Friedhof ruht auch der Autor Henry Fielding. Bergauf liegt auf der Campo Ourique in der Rua Coelho da Rocha die letzte Wohnung Pessoas, in der sich auch ein Museum und eine umfassende Bibliothek befinden. Die Hochfläche Campo Ourique wurde Ende des 19. Jahrhunderts angelegt, war damals ein bevorzugtes Wohngebiet und zog in den letzten Jahren vor allem Künstler und Intellektuelle an. In der Rua Saravia de Carvalho treffen wir wieder auf die Straßenbahn und nach etwa fünf Minuten haben wir die Endstation Prazeres erreicht. Der Cemitério dos Prazeres, der Friedhof der Vergnügungen, ist die älteste Ruhestätte Lissabons. Er ist eine Stadt für sich, reiht sich

BILD RECHTS: BLICK VOM JARDIM DA ESTRELA AUF DIE BASILIKA.
BILD LINKS OBEN: VOR DER ERLEUCHTETEN BASILIKA.
BILD LINKS UNTEN: GANZ IN GRÜN: TRAM VOR DEM PARK IN SANTOS.

unter Zypressenalleen doch ein Familienmausoleum an das andere. »Eindrucksvoll ist die architektonische Vielfalt. Die Pyramide steht neben der Kapelle, die Burg neben dem Tempel, die Villa neben der Pagode. Viele dieser Totenhäuser sehen geradezu bewohnt aus«, beschreibt Hans Magnus Enzensberger ihn in »Ach Europa«. Die Grabstätte der Familie Pessoa ist unter der Nummer 4371 heute noch zu sehen, die Gebeine des Dichters sind jedoch 1985 nach Bélem in das Jerónimos-Kloster überführt worden. Noch einen letzten Blick über die Friedhofsmauer auf die Hängebrücke und den Tejo, dann gehen

wir zurück zur Haltestelle. Gerade ist wieder eine 25E im Wendehammer angekommen. Mit Hilfe eines an einem Stab befestigten Spiegels und einer Kurbel dreht die Fahrerin das Rollband mit den Namen verschiedener Endhaltestellen. Als »Alfândega« zu sehen ist, ist sie zufrieden und wenig später lassen wir uns mit der Tram zurück durch die Welt der Lebenden schaukeln.

Durch den Torbogen in der Rua de São Paulo.

Wo bleibt sie denn?

Wiedereinsetzen des Stromabnehmers.

EIN UNGEWOHNTER BLICK AUF DIE BASILIKA.

RASANT ZUR NÄCHSTEN STATION IN DER BAIXA.

TRAMFAHREN UND SCHAUEN GEHÖREN ZUSAMMEN.

IN DER STRASSENBAHN WÄREN PLÄTZE FREI ...

28E

- **Martim Moniz**
- R. Palma
- Igreja Anjos
- R. Maria Andrade
- R. Maria Fonte
- R. Angelina Vidal
- Sapadores
- R. Graça

08 min

- Graça
- Voz Operário
- Cç. S. Vicente
- R. Escolas Gerais
- Lg. Portas Sol
- Miradouro Sta. Luzia
- Limoeiro

10 min

- Sé
- R. Conceição
- Lg. Belas Artes
- R. Vitor Cordon / R. Serpa Pinto
- Chiado

09 min

- Pç. Luis Camões
- Calhariz (Bica)
- Sta. Catarina
- Cç. Combro
- R. Poiais S. Bento
- R. S. Bento / Cç. Estrela
- Cç. Estrela / R. Borges Carneiro
- Cç. Estrela / R. Teófilo Braga

07 min

- Estrela (Basílica)
- Estrela / R. Domingos Sequeira
- R. Domingos Sequeira
- R. Saraiva Carvalho
- Igreja Sto. Condestável

06 min

- **Campo Ourique (Prazeres)**

Dauer: 40 min

DER KLASSIKER

Wie für Touristen gemacht: die Linie 28E

Die Kathedrale Sé ist ein beliebtes Ziel auch für Tramgäste.

Die Linie 28E ist die berühmteste und meist genutzte Straßenbahnlinie Lissabons, sie ist oft die vollste, aber eben auch die schönste, weil sie einen ganz besonderen Querschnitt der Stadt zeigt und die spektakulärsten Abschnitte besitzt. Startpunkt ist der Largo Martim Moniz mit seinem bunten Völkergemisch in Mouraria (siehe Seite 27), wo sich die Wendeschleife um den ganzen Platz zieht. Zunächst fährt die 28E die Rua da Palma und die Avenida Almirante Reis entlang und biegt dann an der Kirche Ingreja dos Anjos ab. Steil beginnt der Aufstieg auf den Graça-Hügel. Das lebendige Arbeiterviertel Graça wurde etwa um die Jahrhundertwende angelegt. Auch heute säumen noch gekachelte Wohn- und alte Fabrikhäuser, Cafés und Geschäfte die Straßen. In der Nähe dieses volkstümlichen Viertels wohnte auch der italienische Autor Antonio Tabucchi, dessen Romane wie »Erklärt Pereira« häufig in Portugal spielen.

Auf der Kuppe befindet sich der Largo da Graça, von dem aus wir einen Abstecher zur Kirche Igreja e Convento da Graça und dem davor liegenden Aussichtsplatz mit Café unternehmen. Zurück in der 28E geht es bergab. Der nächste Halt ist gegenüber der Ingreja São Vicente de Fora, die als eine der schönsten Kirchen Lissabons gilt. Sehenswert sind auch die Azulejos in dem angrenzenden Augustinerkloster. Die Fliesenbilder zeigen beispielsweise den

BILD LINKS: STATION AUF DEM LARGO MARTIM MONIZ.
BILD RECHTS: UNTER DEM SCHUTZ DES HEILIGEN VINZENZ DIE SONNE GENIESSEN.

Angriff von Don Afonso Henriques auf Lissabon sowie Motive aus den Fabeln Jean de la Fontaines. Außerdem befindet sich hier das Pantheon der Dynastie Bragança mit den Särgen der letzten portugiesischen Könige. Hinter der Kirche werden regelmäßig für den Flohmarkt Feira da Ladra, dem »Markt der Diebin«, die Stände aufgebaut.

Bei der Fahrt mit der 28E folgt nun einer der aufregendsten Steckenabschnitte: Eingleisig verlaufen die Schienen durch die engen Gassen der Alfama, der Verkehr wird durch eine Ampel geregelt. So schmal ist die Strecke, dass Passanten warten oder sich in eine Nische drücken müssen, um nicht von der Tram erfasst zu werden. Noch abenteuerlicher muss es allerdings zu der Zeit gewesen sein, die Hans Magnus Enzensberger beschreibt: »Dann donnern wir durch die kopfsteingepflasterten Gassen der Alfama, bis eine jähe Bremsung uns gegen die Lehne des Vordermanns schleudert. Der Wagen hält aus gutem Grund; an zweigleisigen Verkehr ist, wo die Trambahn fast die Balkone streift, nicht zu denken. Eine umsichtige Verwaltung hat deshalb ein Schilderhäuschen installiert. Ein buckliger Veteran hält hier Wache, und sobald sich ein Wagen aus der Gegenrichtung, unsichtbar für uns, nähert und uns zu zerschmettern droht, steckt er eine rote Kelle aus seinem Unterschlupf, um unseren Fahrer zu warnen.«

BILD RECHTS: SONNENAUFGANG AUF DEM LARGO PORTAS DO SOL.
BILD LINKS: DURCH DIE ESCOLAS GERAIS GEHT ES NUR EINSPURIG.

Erst an der Rua das Escolas Gerais, wo sich im Mittelalter die erste Universität Portugals befand, wird die Straße wieder breiter. Ein weiterer eingleisiger Abschnitt folgt. In einer ansteigenden Kurve geht es zum Platz Portas do Sol, wo die Linien 12E und 28E ineinander übergehen, was lautes Warnklingeln mit sich bringt (siehe Linie 12E). Unter kräftigem Kurbeln der Handbremsenräder fahren wir den Hügel zur Kathedrale Sé Patriarcal hinab. In der Baixa wird der tiefste Punkt der Strecke erreicht, dann geht es schon wieder aufwärts Richtung Chiado. Mit 13,5 Prozent Steigung erreichen wir in der Calçada de São Francisco die steilste Straßenbahnstrecke der Welt. Wie sich die Tram so hinaufquält, glauben wir förmlich den Sand auf die Schienen rieseln zu sehen.

In der Rua António Maria Cardoso, am ehemaligen Sitz des portugiesischen Inlands-Geheimdienstes PIDE aus der Zeit der Salazar-Diktatur, teilen sich die Fahrtrichtungen der 28E. In weiten Bögen holen die Gleisen aus, führen um enge Kurven. Die Tram wird langsamer. Laut ertönt die Warnglocke. Ein Auto parkt nah an der Strecke und soll abfahren. Erneutes Klingeln. Niemand kommt. Der Tramfahrer öffnet

ÜBER DEN LARGO DO CHIADO.

BAHN FREI FÜR PASSANTEN.

die Tür, ruckelt langsam am Auto entlang – Millimeterarbeit für ein starkes Nervenkostüm. Autos sind ein tägliches Hindernis für die Straßenbahn. Oft führen falsch parkende Wagen zu Verzögerungen, manchmal aber packen entnervte Fahrgäste auch an und heben das Auto kurzerhand von den Schienen.

Wir verlassen im Chiado die Straßenbahn, schlendern durch dieses Viertel der Kunst, der Literatur und des Kommerzes. Vor dem traditionsreichen Café A Brasileira sitzt Fernando Pessoa in Bronze. Der Literat Bodo Kirchhoff empfiehlt in »Parlando« das Hotel Borges im Chiado und schreibt: »Frühstücken sie besser im erwähnten Café Brasileira, wo es zwar weder Brötchen noch Eier gibt, dafür den besten Kaffee Europas; und sitzen Sie unbedingt mit dem Rücken zur Tür, wie es die wahren, gleichgültigen Gäste des Cafés tun, oder stellen Sie sich an die Theke, zum Schein in eine örtliche Zeitung vertieft (beichtstuhlartiger Zeitungsstand im Eingang des Brasileira). In dem Zusammenhang ein Rat: Verlieben Sie sich nicht in diesen Ort mit seinen Blätterteigtörtchen und der Bica in winziger Tasse, kleiner, aromatischerer Bruder des Espresso, mit seinen Dichterlegenden und

FILIGRANE OBERLEITUNGEN VOR DER KIRCHE SANTO ANTÓNIO.

Ab dem Kloster São Vicente de Fora geht es einspurig weiter.

HARFENSPIEL TROTZ VOLLGAS.

EINSPURIG DURCH DIE ALFAMA.

Die häufigste Tramlinie in der Baixa.

ZUR ROMANTISCHEN STIMMUNG IM CHIADO GEHÖRT DIE TRAM.

EINSTEIGEN ODER AUF DIE NÄCHSTE WARTEN?

Cooler Trittbrettfahrer.

Gedankenverloren durchs Bairro Alto.

Schöne Aussicht aus einem Café im Bairro Alto.

all den Möchtegerns vor ihren Tagebüchern, besuchen Sie das Café einfach, als läge es bei Ihnen um die Ecke.«

Etwas weiter bergauf befindet sich die üppig ausgestattete Igreja de São Roque. Um den Largo Trinidade Coelho mit der Statue des Losverkäufers erinnern versandete Schienen daran, dass hier früher eine Straßenbahn entlang führte. War es dieser Platz, den Fernando Pessoa in seinem »Buch der Unruhe« so anschaulich beschrieb? »Um die Mitten [sic] des Platzes knirschen und bimmeln die Elektrischen wie große gelbe Streichholzschachteln auf Rädern, in die ein Kind ein abgebranntes Streichholz schräg als Mast gesteckt hat; sie setzen sich mit lautem metallischem Pfeifen in Bewegung. Rings um die Statue in der Mitte nehmen sich die Tauben wie schwarze Brosamen aus, wirbeln durcheinander als sei ein Windstoß zwischen sie gefahren. Dicke Geschöpfe auf kleinen Trippelfüßen.« Noch ein Stück weiter befindet sich die Standseilbahn Ascensor da Glória (siehe Seite 118). Direkt dahinter öffnet sich der kleine Park São Pedro de Alcântara dem Besucher. Von hier aus blickt man über Stadt und Fluss, über die Baixa bis zu Burg, Sé und die Kirche von Graça. »Als er an São Pedro de Alcântara vorbeikam, trat er unter die Bäume und lehnte sich ans Gitter. Unten, im dunklen Tal, dehnte sich die Stadt, übersät von den

Bild links: Denkmal des Dichters António Ribeiro mit Tram im Chiado.
Bild rechts oben: Warten auf den Ascensor da Glória.
Bild rechts unten: Einladung zum Aussteigen im Chiado.

Lichtpunkten, die die erleuchteten Fenster ausstreuten, und in der Dunkelheit bildeten die Dächer und Gebäude einen Klumpen noch dichterer Schatten. Die Lichter dort unter den Dächern, welche Fülle überschäumenden Lebens mochten sie bedeuten! [...] Wie herrlich bist du Lissabon!«, heißt es bei dem Schriftsteller Eça de Queiroz aus dem neunzehnten Jahrhundert.

Wir gehen durch das Szeneviertel Bairro Alto. Zahlreiche Bars, Restaurants und Diskotheken zeugen von einem regen Nachtleben, Tante-Emma-Läden von den normalen Bewohnern. Hier gibt es Hut-Designer neben Bäckern, Modeschöpfer neben dem Fußballclub. Hier kann man auch auf den Spuren des Bestsellers und gleichnamigen Kinofilmes »Nachtzug nach Lissabon« von Pascal Mercier wandeln, dessen Hauptfigur Amadeu de Prado seine Praxis in einem blauen Haus in der Rua Luz Soriano hat. In der gleichen Straße befindet sich das Hospital São Luís dos Franceses, wo Fernando Pessoa 1935 starb und ein kleines Porträt an ihn erinnert.

Schließlich stoßen wir am Largo do Calhariz wieder auf die Linie 28 sowie die obere Haltestelle der Standseilbahn Ascensor da Bica (siehe Seite 118). Unweit der Station liegt der stark frequentierte Aussichtsplatz Alto de Santa Catarina. Über dem Park samt kleinem Café thront die Statue des Meeresherrschers Adamastor,

Bild rechts: Pause mit Tram in der Rua do Loreto.
Bild links: Der Ascensor da Bica.

JUGENDLICHE TRITTBRETTFAHRER.

DURCH DAS TOR DES ESTRELA-PARKS SIEHT MAN DIE BASILIKA.

einer Figur aus dem Epos »Die Lusiaden« des portugiesischen Nationaldichters Luís Vaz de Camões.

Doch eine 28E Richtung Prazeres leuchtet einladend in der Sonne und wir steigen die Stufen hinein. Die Fenster geöffnet, lassen die Fahrgäste sich den Wind um die Nase wehen. Der Platz neben der jungen, sonnenbebrillten Fahrerin ist besetzt. Lautstark unterhält sich eine Frau mit ihr, so lebendig und vertraut als wären es Freundinnen. Die Strecke führt durch ein Wohnviertel. In São Bento trennen sich die Gleise erneut und werden an der Rua do Poço dos Negros wieder zusammengeführt. Auf halber Höhe des nächsten Hügels taucht rechts der Palácio de São Bento auf, in dem die Assemblia Nacional, das portugiesische Parlament tagt. In dessen Nähe befindet sich in der Rua de São Bento auch das ehemalige Wohnhaus der legendären Fadista Amália Rodrigues, das in ein Museum umgewandelt wurde. Nun muss sich die Tram die steile Calçada da Estrela hinaufquälen. Zwei Jugendliche springen aufs hintere Trittbrett, klammern sich an die Tram. Schwarzfahrer, die den Anstieg nicht per Pedes bewältigen wollen. Als die weiße Kuppel der Basílica da Estrela zu sehen ist,

EINE VOLLE TRAM KANN AUCH KUSCHELIG SEIN.

WENDEHAMMER AM FRIEDHOF PRAZERES.

springen sie wieder ab. Die Umgebung der Haltestelle Estrela mit ihrem Parkgelände lädt zum Verweilen ein (siehe Seite 75), aber heute dunkelt es bereits. Ab hier nutzen die 25E und die 28E die Strecke gemeinsam, bis sie am Friedhof Prazeres ihre Endhaltestelle erreicht haben. Schon allein wegen der geteilten Streckenabschnitte, von denen wir erst eine Hälfte gesehen haben, steigen wir wieder in die 28E. Auf dem Rückweg beginnt es zu regnen. Leise quietschend fährt der kleine Wischer über die Scheibe. Regentropfen tupfen die Fenster, die langsam immer dichter beschlagen. Wir reiben eine Fläche frei und

blicken auf die Straße hinaus. Die Lichter der Tram spiegeln sich im Straßenpflaster und bringen die Schienen wie kostbare Ketten zum Leuchten. Auch bei schlechtem Wetter ist eine Tramfahrt eben etwas ganz Besonderes ...

GUT GELAUNTE BREMSENHÜTERIN.

GLEICH SPRINGT DIE AMPEL AUF GRÜN.

VOR DER KLOSTERKIRCHE SÃO VICENTE DE FORA.

São Vicente de Fora vom Largo Portas do Sol aus gesehen.

Der Largo Portas do Sol ist ein beliebter Treffpunkt ...

... AUCH FÜR NACHTSCHWÄRMER.

RUA DAS ESCOLAS GERAIS MIT EINEM HAUCH TEJO.

CARREIRA Nº 28

551

553

SAÍDA

Ab oberen Ende der Calçada de São Francisco.

Ein freundlicher Kiosk am Largo Portas do Sol.

CARREIRA Nº 28

573

SAÍDA

Caixa Geral
de Depósitos

EINSPURIG DURCH DAS CHIADO.

117

SPEKTAKULÄRES TRIO

Die drei Standseilbahnen Lissabons

Durch das bunte Leben mit dem Ascensor da Bica.

Die hügelige Lage Lissabons stellte von Anfang an besondere Anforderungen an die Verkehrsplaner. Was die Überwindung von großen Höhenunterschieden angeht, hat sich vor allem Raoul Mesnier du Ponsard (1849–1914) um die portugiesische Hauptstadt verdient gemacht. Der 1849 in Porto geborene Sohn französischer Eltern schuf als Ingenieur sowohl den Elevador de Santa Justa als auch die noch bestehenden Standseilbahnen Ascensor da Bica, Ascensor do Lavra und Ascensor da Glória.

Die älteste Standseilbahn Lissabons ist der Ascensor do Lavra. Sie wurde 1884 eingeweiht und arbeitete anfangs noch mittels Wasserballast und später Dampfantrieb, seit 1914 ist sie elektrifiziert. Ihre Talstation befindet sich in der Nähe der Unterstadt Baixa. Wie eine reife Birne – satt-gelb, oben schmal und unten breit – hängt die Standseilbahn auf den Schienen. Zum Einsteigen geht man ein paar Stufen hoch und nimmt auf den quer angebrachten Holzbänken Platz. Danach warten alle darauf, dass die Glühlampe über dem Schaltpult zu leuchten beginnt, denn das Fahren ist nur möglich, wenn beide Fahrzeugführer den Fahrschalter betätigen. Wenn es soweit ist, schließt der Fahrzeugführer die halbhohen Gitter an der Tür. Gemeinsam machen sich beide Standseilbahnen auf den Weg und treffen sich etwa auf halber Strecke.

Bild links: Die obere Station des Ascensor do Lavra.
Bild rechts: Der Ascensor da Glória.

Mit einer Länge von 182 Metern ist der Ascensor do Lavra die kürzeste der drei Standseilbahnen. Die Steigung hat es jedoch in sich: 25 Prozent beträgt sie bei einer Höhendifferenz von 43 Metern. Nach wenigen Minuten ist die obere Station in der Rua Câmara Pestana erreicht. Die Fahrt lohnt vor allem wegen der Aussicht von dem nahegelegenen öffentlichen Park Jardim do Torel.

Quasi auf der gegenüberliegenden Seite der Baixa liegt die Standseilbahn Ascensor da Glória. Sie wurde 1885 in Betrieb genommen und ist verkehrstechnisch die wichtigste der Standseilbahnen, verbindet sie doch die belebte Praça dos Restauradores mit der Rua São Pedro de Alcântara im beliebten Viertel Bairro Alto. Sie ist die Längste der Lissabonner Standseilbahn (265 Meter), aber auch die mit der geringsten Steigung (18 Prozent; Höhendifferenz 48 Meter). Als einzige ist sie mit längs angebrachten Holzbänken ausgestattet. Einen Steinwurf von ihrer oberen Haltestelle entfernt befindet sich der Miradouro São Pedro de Alcântara, der zu Recht als einer der schönsten Aussichtspunkte Lissabons gilt.

Ein besonderes Erlebnis ist die Fahrt mit der Standseilbahn Ascensor da Bica von 1892, denn sie fährt quasi direkt durch eine Wohngasse. Der Ascensor da Bica (Steigung 19,1 Prozent; Höhendifferenz 45 Meter) verbindet das Handwerkerviertel São Paulo

mit der quirligen Oberstadt Bairro Alto. Mit ihm geht es auf 260 Metern vorbei an flatternder Wäsche und durch Küchengerüche. Kinder spielen auf den Stufen direkt vor dem Aufzug. Anwohner sitzen an den Hauswänden und plaudern, dem Fahrstuhlführer ein Scherzwort zurufend. Alte Herren springen zwischendurch behände vom fahrenden Wagen, wenn sie ihr Ziel erreicht haben. Sie ist übrigens auch die Standseilbahn mit der besten Tramanbindung: Direkt an der oberen Station am Largo de Calhariz im Bairro Alto hält die Linie 28E, an der unteren die Linie 25E. Ihren Taleingang kann man nicht verfehlen:

Ein Tor in der Rua de São Paulo mit darüber angebrachten großen Buchstaben lädt zur Fahrt mit der Standseilbahn ein.

Aber nicht nur die Bewohner und Touristen, auch die Sprayer lieben die drei Standseilbahnen Lissabons. Kaum haben die Mitarbeiter des Betreibers Carris sie in frischem Gelb-Weiß lackiert, prangt schon wieder das gesprühte Konterfei einer Schauspielerin, ein Symbol oder schlicht ein Schriftzug auf den Wagen.

Noch fehlt der Fahrer.

Es ist soweit: Einsteigen bitte.

Freie Platzwahl in der Standseilbahn.

ANWOHNER UND DIE FAHRER DER STANDSEILBAHN KENNEN SICH.

Auf ins Partyviertel Bairro Alto.

Am Largo de Calhariz ist immer etwas los.

PLAUDEREI AN DER HALTESTATION.

DER ASCENSOR DA BICA IST SEIT 2002 NATIONALDENKMAL.

Am Ascensor da Glória tummeln sich viele Graffiti-Sprüher.

BLICK AUF DIE STATION AN DER PRAÇA DOS RESTAURADORES.

EIN GRUSS ZUM FAHRER WIRD GERN ERWIDERT.

EINES DER VIELEN GESICHTER DES ASCENSOR DA BICA.

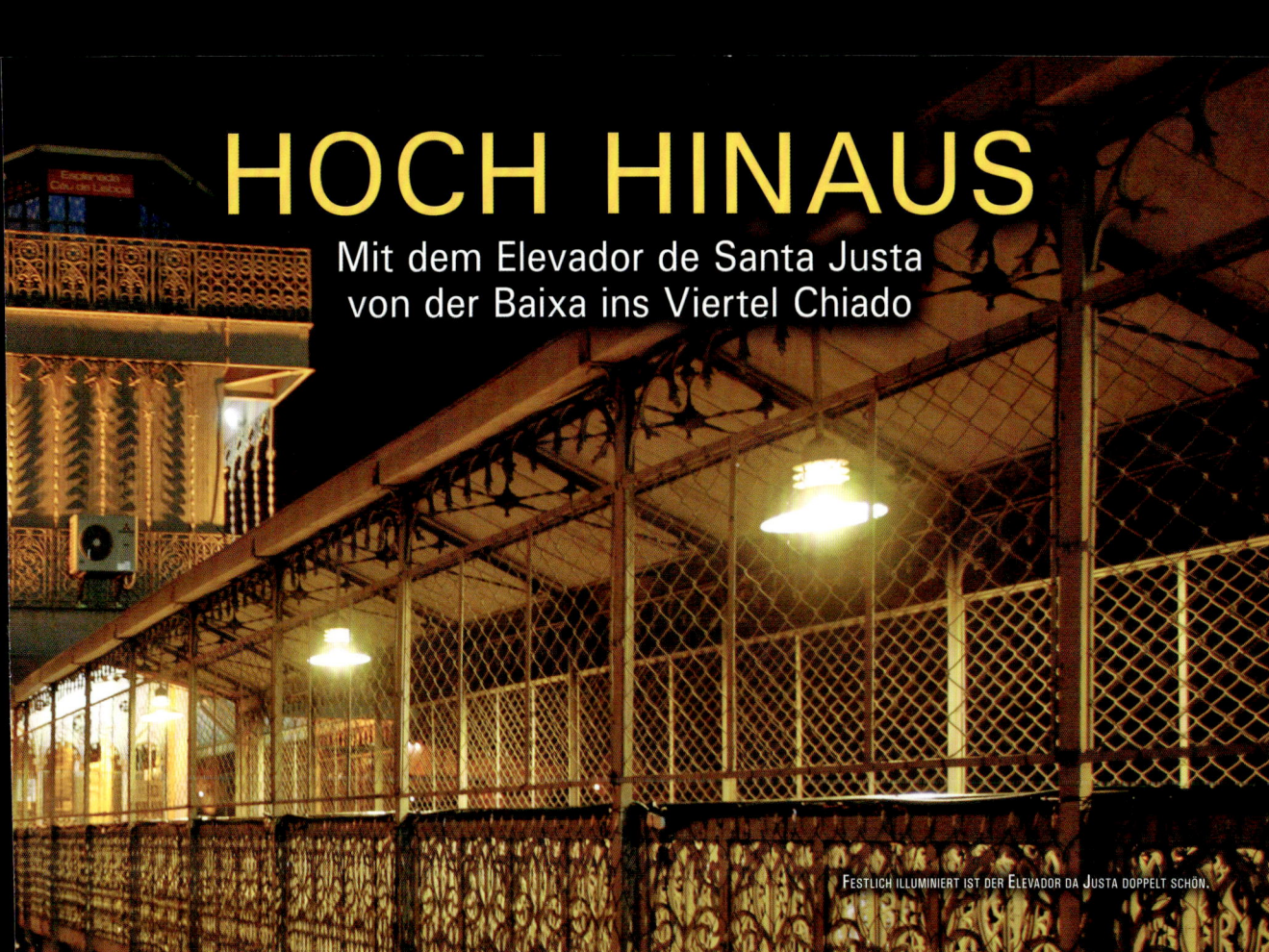

HOCH HINAUS

Mit dem Elevador de Santa Justa
von der Baixa ins Viertel Chiado

Festlich illuminiert ist der Elevador da Justa doppelt schön.

Es ist ein imposanter Anblick, wenn man sich vom Ende der Rua de Santa Justa langsam dem Elevador de Santa Justa nähert. Parallel zu den Häuserwänden ragt der freistehende Fahrstuhl mit seinen sieben Stockwerken 45 Meter hoch auf. Die gradlinige und zugleich filigran wirkende Stahlkonstruktion erinnert nicht ohne Grund an die Bauwerke von Gustave Eiffel – der Ingenieur Raoul Mesnier du Ponsard (1849–1914) war sein Schüler. Wunderschön auch, wenn das mächtige Baumwerk in der Weihnachtszeit mit Lichterketten geschmückt ist.

Die Fahrt mit dem Elevador de Santa Justa ist für Touristen ein Muss, und auch viele Einheimische wollen sich den steilen Aufstieg ins Viertel Chiado sparen. Schon immer waren die Steigungen zwischen den Stadtgebieten für die Lissabonner eine Herausforderung. Bereits 1882 entwickelte Raoul Mesnier erste Pläne für einen Aufzug zwischen der Baixa und dem Largo do Carmo im Chiado, doch die Errichtung der Stahlkonstruktion ließ noch bis 1902 auf sich warten. Zunächst wurde der Elevador de Santa Justa von einer Dampfmaschine betrieben, 1907 wurde diese durch einen Elektromotor ersetzt.

Am Fuße des Fahrstuhls in der Rua Aurea befindet sich der Eingang. An einem Schalter kann man Fahrkarten erwerben, die Nutzung des Fahrstuhls ist jedoch auch mit den Tageskarten des

Bild links: Weihnachtsbeleuchtung in der Baixa.
Bild rechts: Früher bewegte eine Dampfmaschine die Zugseile.

öffentlichen Nahverkehrs möglich. Mit einem leisen Wubbern kommt einer der beiden historischen Fahrstühle des Elevadors zum Stehen. Quietschend werden die Türen aufgeschoben. Wenn alle Fahrgäste auf der einen Seite ausgestiegen sind, wird die zweite Tür geöffnet und der Einlass beginnt. Früher hatten 24 Passagiere in der Kabine aus dunklem Holz, Glas und Messing Platz, heute sind es 29; für einige gibt es Sitzbänke an den Seiten. Die Fahrt verläuft sanft ruckelnd, die Liftmaschine – im Obergeschoss sichtbar – läuft rund. Oben angekommen, kann man auf einer Aussichtsplattform den Blick über die Stadt genießen. Von hier aus wirken die Schaufensterbummler der Baixa wie Ameisen und die Burg auf der anderen Seite des Tales scheint zum Greifen nah. Über eine schmale Wendeltreppe geht es noch ein Stockwerk höher. Neben der zweiten Aussichtsplattform wartet ein kleines Café auf Gäste. Doch auch die Hügelseite, die man über eine schmale Brücke erreicht, hat etwas zu bieten. Rechterhand erhebt sich die Ruine des erdbebenzerstörten Karmeliterklosters, in dem sich heute das Archäologische Museum befindet. Ein paar Schritte entfernt liegt der Largo do Carmo. Plötzlich ist man mitten im quirligen Chiado mit seinen Theatern und Restaurants. Sehenswert sind in der Nähe das Teatro da Trinidade und das ehemalige Teatro Ginásio mit seiner Art-deco-Fassade. Auch lädt beispielsweise

Bild rechts: Erst von oben erkennt man die überwundene Höhe genau.
Bild links: Eine Brücke verbindet Fahrstuhl und Chiado.

die Cervejaria da Trinidade zu einer Rast ein, ein Bierlokal in einem ehemaligen Klosterbrauhaus mit sehenswerten Azulejos. Oder man geht zu den Fahrgastkabinen des Elevador de Santa Justa zurück. Der Blick in die Straßenschluchten ist auch auf der Rückfahrt schön ...

BILD LINKS: DIE WENDELTREPPE FÜHRT ZUR ZWEITEN PLATTFORM.
BILD RECHTS: FAHRSTUHLKABINE MIT SCHAFFNER.

MIT EINEM REISEFÜHRER IM OHR
Die Stadtrundfahrt mit der roten Tram

So leer sieht man die Baixa nur selten.

Eine historische Straßenbahn steht ständig im Lissabonner Stadtzentrum: Auf der Praça do Comércio fungiert eine rot-weiße Tram als Informationshäuschen und Kartenverkaufs-stelle für die offiziellen Stadtrundfahrten von Yellowbus bzw. Carristur.

Stadtrundfahrten mit historischen Trams werden seit 1965 in Lissabon angeboten. 1982 wurde Carristur von dem Verkehrs-unternehmen Carris gegründet und ist inzwischen unter der Marke »Yellow Bus« in etlichen portugiesischen Städten der wichtigste Anbieter für Stadtrundfahrten. Allein in Lissabon werden täglich verschiedene Touristentouren mit Open-Top-Bussen, Mini-Bussen und historischen roten Trams befahren. Zehn Straßenbahnen in dem ursprünglichen Rot von 1901 sind heute abwechselnd unterwegs, um die Touristen stilecht durch Lissabon zu befördern. Es handelt sich dabei um Altbautriebwa-gen, die sogenannten Remodelados aus den Jahren 1935 bis 1940 mit Standard-Wagenkasten, die 1995/96 technisch moder-nisiert wurden.

Bei der »Hills Tramcar Tour« durchqueren die knallroten Straßenbahnen mit den kleinen Fähnchen verschiedener Länder auf dem Dach in einer Stunde und zwanzig Minuten Lissabons Altstadt. Das Ticket kostet etwa 16,20 Euro (Stand Januar 2014) und ist 24 Stunden gültig. Nach dem Motto hop-on, hop-off kann

BILD LINKS: DIE HISTORISCHE TRAM AUF DER PRAÇA DO COMÉRCIO IST ...
BILD RECHTS: ... EINER DER SCHÖNSTEN FAHRKARTENSCHALTER DER WELT.

ständig aus- und eingestiegen werden. Die »Hills Tramcar Tour« nutzt Teile der Strecken der Linien 12E, 15E, 25E und 28E (siehe die entsprechenden Kapitel). Die Haltestellen sind oft touristenfreundlich nach den jeweiligen Sehenswürdigkeiten benannt. Ein mehrsprachiges Audiosystem erläutert Geschichte und Denkmäler der Stadt.

Offizieller Startpunkt ist die Praça do Comércio im Einkaufsviertel Baixa. Auf der Strecke der Linie 15 geht es durch die Querstraßen der Baixa bis auf die Höhe des historischen Aufzugs Elevador de Santa Justa. Nächste Station ist die Praça da Figueira. Von da aus fährt sie in das alte Maurenviertel Mouraria. Die Straßenbahn macht am Platz Martim Moniz Halt, in Graça, der Alfama und schließlich auf dem Largo Portas do Sol, von wo aus man zu Fuß die Steigung zur Burg Castelo de São Jorge erklimmen kann. Weiter rattert die Tram zur Kathedrale Sé und erneut durch die Ebene der Baixa (Haltestelle Conceição), dieses Mal in anderer Richtung. Ein Höhepunkt ist der Anstieg der Calçada de São Francisco, der steilsten Straßenbahnstrecke der Welt. Die Rote fährt anschließend durch das schicke Viertel Chiado und macht am Platz Luís Camões Halt. Über die kleine Kuppe des Bairro Alto gleitet sie zur Calçada do Combro vor der Kirche Santa Caterina, von wo aus man bequem in den Ascensor da Bica steigen kann oder das Szeneviertel Bairro Alto erkundet.

BILD RECHTS: FREUNDLICHER STADTRUNDFAHRER VOR DER KATHEDRALE SÉ.
BILD LINKS: NATÜRLICH FÄHRT DIE ROTE AUCH DURCH DIE SCHMALEN GASSEN DER ALFAMA.

ROTES ENSEMBLE.

DURCH DEN TORBOGEN ÜBER DER RUA DE SÃO PAULO.

Durch das grüne Wohngebiet São Bento geht es am Parlamentssitz Palácio de São Bento vorbei nach Estrela. Am Wendehammer vor der weiß strahlenden Basilika dreht die rote Tram und schlägt nun die Strecke der Linie 25E über die Stadtviertel Lapa, Bica und São Paulo ein. Auf dem letzten Stück liegen die Haltestellen Corpo Santo und Praça do Município. Schließlich erreicht die rote Straßenbahn wieder die Praça do Comércio zwischen dem Triumphbogen Arco Monumental und dem Tejo.

AUCH FÜR KINDER INTERESSANT.

WEIHNACHTSBELEUCHTUNG VOR BLAUEM HIMMEL.

WEIHNACHTSSTIMMUNG IN LISSABON.

Im Morgenlicht durch die Baixa.

AUF DER PRAÇA DO COMÉRCIO.

UNGEWÖHNLICH: FEIERTAGSSCHMUCK AN DER KATHEDRALE SÉ.

HEISSE KASTANIEN AN DER TRAMSTATION AN DER PRAÇA DA FIGUEIRA.

Und hinab geht es Richtung São Bento ...

... ODER IN DIE BAIXA.

Der Stromabnehmer wird wieder eingehängt.

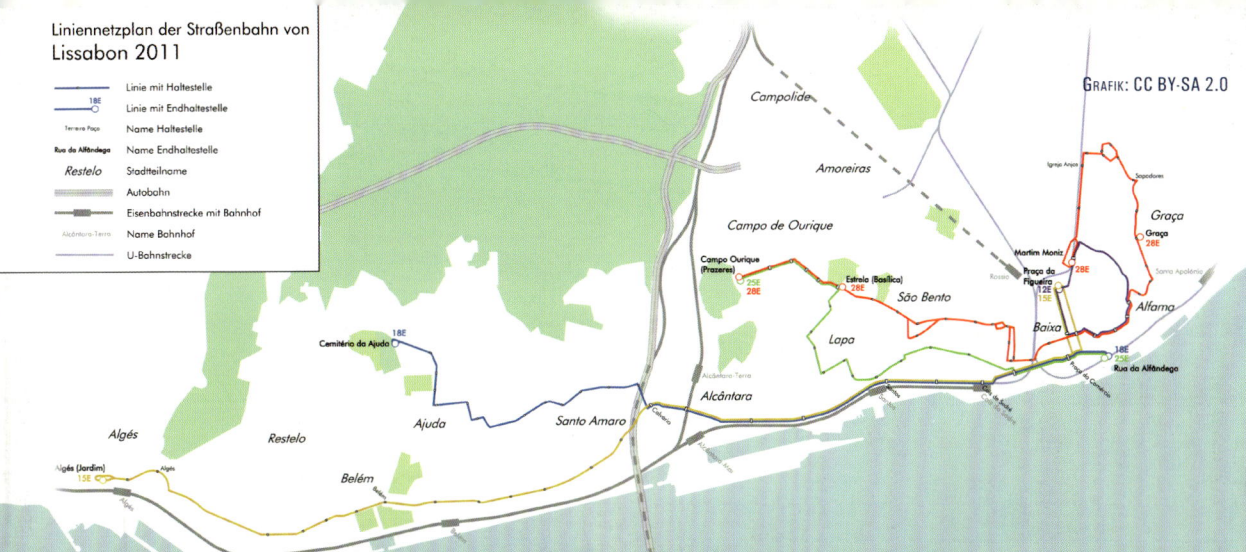

Liniennetzplan der Straßenbahn von
Lissabon 2011

Linie mit Haltestelle
1BE Linie mit Endhaltestelle
Terreiro Paço Name Haltestelle
Rua da Alfândega Name Endhaltestelle
Restelo Stadtteilname
Autobahn
Eisenbahnstrecke mit Bahnhof
Alcântara-Terra Name Bahnhof
U-Bahnstrecke

NACHWEIS DER ZITIERTEN WERKE:

Döblin, Alfred: Schicksalsreise, Düsseldorf 1993

Eça de Queiroz: Die Hauptstadt, Berlin 1959

Enzensberger, Hans Magnus: Ach, Europa!, Frankfurt am Main 1987

Kirchhoff, Bodo: Parlando, Frankfurt am Main 2001

Pessoa, Fernando: Das Buch der Unruhe des Hilfsbuchhalters Bernardo Soares, Zürich 2003, 2006

Pires, José Cardoso: Lissabonner Logbuch, München-Wien 1997

Simmel, Johannes Mario: Es muss nicht immer Kaviar sein, Zürich 1964

ZUM WEITERLESEN AUS DEM VERLAG TRANSPRESS

88 Seiten,
Format 260 x 220 mm
ISBN 978-3-613-71449-6
€ 14,95
CHF 19,90 / € (A) 15,40

80 Seiten,
Format 260 x 220 mm
ISBN 978-3-613-71409-0
€ 14,95
CHF 19,90 / € (A) 15,40

Stand Januar 2014
Änderungen in Preis und Lieferfähigkeit vorbehalten.

96 Seiten, Format 185 x 125 mm
ISBN 978-3-613-71463-2
€ 9,95 / CHF 14,– / € (A) 10,30

128 Seiten, Format 170 x 210 mm
ISBN 978-3-613-71464-9
€ 14,95 / CHF 19,90 / € (A) 15,40

www.transpress.de
Service-Hotline: 0711/ 98 809 984